DISCUSSION

DES

PRINCIPAUX OBJETS

DE

LA LÉGISLATION CRIMINELLE;

Présentée au Conseil le 30 Juillet 1787, dans le Rapport de l'affaire des nommés Simarre, Lardoise & Bradier, condamnés à la roue par Arrêt du Parlement de Paris, & déclarés ensuite innocens par Arrêt du Parlement de Rouen.

Par M. B....L. *(ou B.....) Blondel*

A PARIS,

Chez Baudouin, Imprimeur de l'ASSEMBLÉE NATIONALE, rue du Foin St. Jacques, N°. 31.

1789.

NOTE DE L'ÉDITEUR.

Les Mémoires éloquens répandus dans le public, en faveur de trois hommes condamnés à la roue, qui ont ensuite été déclarés innocens, avoient excité un intérêt général. J'eus le desir de connoître les détails de l'affaire ; je fus instruit que plusieurs Magistrats du Conseil avoient demandé au Rapporteur copie de son Opinion, & je parvins à me procurer celle qui avoit été remise à M. le Garde des Sceaux, dernier mort, & trouvée dans ses papiers. Je fus frappé de voir dans cette Opinion une discussion, assez étendue, des principaux points de notre législation criminelle, & qu'une partie de ce qui a été fait depuis, avoit été proposé dans le Conseil du Roi, à l'époque du 30 Juillet 1787, dans un temps où l'activité du Parlement & celle des anciens principes étoient encore dans toute leur force. Comme cette discussion, à laquelle on ne s'est pas permis d'ajouter ou de changer une seule phrase, m'a paru contenir des vues & des principes utiles, j'ai cru devois les faire connoître par la voie de l'impression, & j'ai pensé que l'auteur ne pouvoit être compromis par la publicité d'un travail qui n'intéresse en rien le secret de l'Administration.

Les articles les plus intéressans de cette discussion, sont ceux qui traitent du règlement à l'extraordinaire, des témoins nécessaires de procédure prévôtale, des faits justificatifs, de l'omission des procès-verbaux, pour constater le corps du délit, de l'interrogatoire sur la sellette, de la forme de prononcer *pour les cas résultans du procès* ; enfin, du Conseil à donner à l'Accusé.

On remarquera sans doute, sur ce dernier point, que

A 2

les fonctions de ce Conseil ont été proposées dans une forme bien différente de celle qui vient d'être adoptée *provisoirement*. L'Auteur a pensé probablement que le ministère du Conseil devoit se borner à éclairer l'accusé sur ses moyens de défense, mais ne devoit pas s'étendre jusqu'à faire un plaidoyer en sa faveur, sans que le Public, qui devient le Juge entre l'Accusé & le Juge, fût éclairé par la réplique ou la contradiction. Je n'aurois peut-être pas hasardé cette réflexion, si l'Assemblée Nationale eût décrété définitivement cet article; mais, comme la disposition qui y est relative n'est que provisoire, j'ai cru pouvoir me la permettre.

DISCUSSION

DES

PRINCIPAUX OBJETS

DE

LA LÉGISLATION CRIMINELLE,

Présentée au Conseil le 30 Juillet 1787,
dans le Rapport de l'affaire des nommés
Simarre, Lardoise & Bradier, condamnés
à la roue par Arrêt du Parlement de
Paris, & déclarés ensuite innocens par
Arrêt du Parlement de Rouen.

AVANT de hasarder mon opinion sur l'affaire
soumise à la décision du Conseil, je le supplie de
me permettre d'observer à quel point il est nécessaire de se défendre contre deux impressions
également dangereuses, & également séduisantes.
La première est le respect mérité qu'inspire l'opi-

A ;

nion de Magiſtrats dont le zèle & les lumières commandent la confiance, qui, chargés de l'adminiſtration continuelle de la juſtice, ſont éclairés par l'expérience, ſur l'exécution des Loix, dont ils ſont dépoſitaires, & ne ſe permettent de prononcer ces Arrêts terribles qui retranchent un Citoyen de la Société, qu'en faiſant à l'intérêt de cette Société, à celui de la Loi & de leur conſcience, le ſacrifice de leur vœu perſonnel, qui les porteroit à la clémence & à l'humanité.

Le ſecond ſentiment, dont il eſt encore néceſſaire de ſe défendre, eſt celui de la compaſſion & de la pitié qu'inſpirent trois Malheureux, dont deux ſont pères-de-famille, & qui ſont condamnés au plus épouvantable des ſupplices, par un Arrêt qu'ils préſentent comme auſſi injuſte au fond, qu'irrégulier dans la forme.

Les moyens qu'ils emploient pour établir l'irrégularité de l'Arrêt, ſont, en grande partie, ceux qui auroient ſervi, ſuivant eux, à établir leur innocence, ſi le vœu de la Loi eût été rempli.

Il ſeroit ſans doute heureux de pouvoir ſe livrer à l'une ou l'autre de ces impreſſions; mais elles ſe contrarient dans leurs conſéquences. Il ne s'agit ici d'examiner, ni le degré de confiance que l'on doit à la choſe jugée & aux uſages reçus, ni la

queſtion de ſavoir ſi les trois Condamnés ſont innocens ou coupables : il s'agit de juger ſi la procédure eſt régulière ou ne l'eſt pas, ſi les principes qui
lui ont ſervi de baſe, peuvent être avoués par le
Conſeil , lorſqu'ils lui ſont dénoncés : il s'agit
enfin d'un intérêt plus important encore que
celui des trois Condamnés, c'eſt celui de tous
ceux qui ſeront accuſés à l'avenir, & dont le
procès pourra être inſtruit dans la même forme :
il s'agit de l'intérêt de la Loi elle-même ; & l'Arrêt qui va être rendu , décidera, aux yeux de tout
le Royaume, pluſieurs points très-importans de la
Juriſprudence Criminelle.

On s'eſt efforcé, dans les différens écrits qui
ont paru ſur cette affaire, de préſenter les conſéquences les plus effrayantes, & des principes qui
ont ſervi de baſe à l'Arrêt, & de ceux par leſquels
il peut être défendu : on a ſuppoſé, d'un côté,
une foule d'Innocens, envoyés au ſupplice ; de
l'autre, tous les Criminels, remis dans la Société,
pour y commettre de nouveaux délits.

Rien n'eſt plus aiſé que de combiner des
eſpèces à l'appui de ces différentes manières de
voir ; je pourrois obſerver, cependant, qu'il n'y
a point de parité entre ces deux ſortes de dan-
gers : le meurtre d'un Innocent eſt un malheur
affreux, certain & irréparable. Le délit que peut

commettre un Coupable échappé au supplice, est éventuel, incertain, il peut n'avoir pas lieu; mais je crois devoir me dispenser d'examiner cette question.

Chargé de la discussion d'une affaire particulière, je ne m'égarerai point dans des suppositions & des hypothèses; je trouve dans l'affaire elle-même des faits qui présentent toutes les réflexions que je me propose de mettre sous les yeux du Conseil. Si quelques-unes d'elles semblent appartenir à des vues générales de législation, je ne me permettrai de les hasarder, qu'autant qu'elles auront aussi un rapport direct avec les questions soumises à la décision du Conseil; & je traiterai ces objets avec la réserve & la circonspection que m'inspirent l'importance de la matière & la méfiance que j'ai de mes lumières.

Prononciation des Jugemens pour les cas résultans du procès.

Je crois, avant la discussion des moyens, devoir examiner la forme de prononciation adoptée par les Cours, lorsqu'elles condamnent au dernier supplice *pour les cas résultans du procès.* C'est ainsi qu'est rédigé l'Arrêt soumis à la décision du Conseil, & cet Arrêt aggrave la peine prononcée par les premiers Juges : on doit en conclure, sans doute, que le Parlement a mis, dans l'examen du procès, plus de soin, plus d'exactitude & de vigilance, que de confiance dans l'opinion du Tribunal inférieur ; mais l'impression défavorable qui résulte de cette réflexion pour les Condamnés, ne doit-elle pas elle-même faire regretter l'impossibilité de connoître *quels sont les cas* pour lesquels ils sont envoyés au supplice ? La peine de mort doit trop répugner à la sensibilité des Juges, pour ne pas leur faire éprouver le besoin de dire à l'Accusé : *C'est parce qu'il est prouvé que vous avez commis tel crime, que nous sommes forcés de vous condamner.* Il doit leur être également nécessaire d'instruire le Public, témoin du supplice par eux ordonné, des motifs du cruel spectacle offert à ses yeux ; & je crois nécessaire d'examiner ici si l'usage, contre lequel j'ose réclamer, est une conséquence, ou un abus de nos Loix Criminelles.

Est-il donc bien vrai que notre Législation autorise cette forme de prononciation, qui ne spécifie aucun crime, & cependant condamne l'Accusé ? Je ne le pense pas ; je crois qu'il est facile d'en trouver la proscription dans les principes les plus généralement reconnus. En effet, la révision est une voie de droit, ouverte à l'Accusé, & avouée par les Cours ; le meilleur de tous les moyens de révision, après la présomption d'innocence, est sans doute la disproportion de la peine au délit : or, je demande si ce moyen devient praticable lorsque le délit est inconnu, lorsque l'Accusé lui-même ignore le motif réel de sa condamnation, lorsqu'on le met dans l'impossibilité de dire : vous m'avez infligé cette peine ; & le crime dont vous me croyez coupable, ne m'exposoit qu'à telle autre peine moins grave ?

Il est évident que prononcer ainsi, c'est enlever à l'Accusé un moyen textuel de l'Ordonnance, & qu'il ne faut pas une loi précise pour défendre aux Juges ce qu'ils ne pourroient la permettre qu'en vertu d'une disposition d'Ordonnance qui n'existe pas ; ce qui, dans aucun cas, ne peut avoir d'utilité, & qui présente une foule d'inconvéniens.

S'il falloit en choisir un exemple, je citerois celui de Cahusac (sur lequel je reviendrai plusieurs fois dans la discussion de cette affaire); il fut condamné à être pendu *pour les cas résultans du procès & de ses aveux*, quoiqu'il eût tout nié. Cet homme étoit innocent ; sa mémoire a été réhabilitée : le véritable coupable du crime pour lequel il avoit été pendu, étant découvert & ayant tout avoué, le Parlement de Toulouse, au-lieu de le déclarer atteint & convaincu de ce crime, ne manqua pas de le condamner auſſi *pour les cas reſultans du procès* ; ce qui enlevoit, en quelque ſorte, à la famille de Cahuſac, un des moyens qu'elle pouvoit employer pour obtenir la réhabilitation de ſa mémoire. Il ſe trouva heureuſement d'autres moyens de réviſion ; la réviſion fut ordonnée, à mon rapport, & ſuivie enſuite de la réhabilitation, avec 6000 liv. de dommages & intérêts, au profit de ſa famille.

On a cependant eſſayé de juſtifier l'uſage dont il s'agit ; on a dit : les premiers Juges ayant prononcé par *atteint & convaincu*, leur Sentence n'eſt infirmée que quant à la peine ; l'énonciation du crime ſubſiſte, & le Juge ſouverain n'a fait autre choſe qu'appliquer à des crimes connus la peine que les premiers Juges auroient dû prononcer.

Cette eſpèce d'apologie ne me paroît pas pouvoir ſoutenir un examen ſérieux. Lorſqu'une Sentence eſt infirmée, elle l'eſt dans toutes ſes parties ; l'énonciation du crime diſparoît comme ſa peine, & il eſt impoſſible que cela ſoit autrement. En effet, s'il arrive que le premier Juge ait, mal-à-propos, déclaré un Accuſé atteint & convaincu d'un crime, c'eſt en infirmant la Sentence, que le Juge ſupérieur répare ſon erreur : établir en principe le contraire, ſeroit ôter aux Cours le droit de juger ſi l'Accuſé eſt réellement atteint, s'il eſt réelment convaincu, & les obliger, lorfqu'ils penferoient qu'il y a erreur dans cette prononciation , à ordonner une peine qui ne feroit pas celle relative au crime prouvé.

Ces réflexions acquièrent encore bien plus de force lorfque l'Arrêt prononce la peine de mort contre un accufé à l'égard duquel le premier Juge avoit penfé qu'aucun crime n'étoit prouvé : il y en a malheureufement des exemples. Le Confeil a eu récemment fous les yeux celui du nommé Laplanche , condamné à être pendu *pour les cas réfultans du procès* , fur l'appel d'une Sentence qui l'avoit mis hors de Cour.

Concluons donc de tout ceci que l'abus n'eft pas dans la Loi , mais dans l'ufage ; que l'ufage ne peut prefcrire ni contre l'équité , ni contre la raifon , ni fur-tout contre l'humanité , & que fi ce moyen eft plutôt préfenté comme confidération , que comme moyen de caffation , il ne laiffe pas de mériter la plus férieufe attention de la part du Confeil.

Telles font les réflexions générales que l'efpèce préfente m'a fait faire fur les condamnations prononcées *pour les cas réfultans du procès* , lorfque la Sentence du premier Juge eft infirmée.

Je vais maintenant parcourir les irrégularités reprochées à la procédure prévôtale , & les moyens de caſſation préſentés contre l'Arrêt. Je tâcherai de proportionner l'étendue de la diſcuſſion à l'importance de chaque moyen, en commençant par écarter ceux qui ne me paroiſſent pas mériter l'attention du Conſeil.

Plainte des Thomaſſin, & capture de Lardoiſe.

Les premiers actes de la procédure dont la nullité eſt demandée, ſont la plainte des Thomaſſin & la capture de Lardoiſe. Je ne fixerai pas long-temps l'attention du Conſeil ſur ces deux queſtions ; le compte qui a été rendu des faits, ſuffit pour établir qu'il n'exiſte aucune plainte des Thomaſſin ; ils ne ſont ni accuſateurs, ni partie civile. J'examinerai ailleurs la véritable qualité qui peut leur être donnée ; cette queſtion me paroît rentrer dans celle de l'admiſſion des témoins néceſſaires, qui ſera traitée ſéparément. Je me contenterai donc d'obſerver que ce n'eſt point ſur leur plainte qu'a été donnée la permiſſion d'informer, que ce n'eſt point à leur requête que la procédure a été inſtruite, qu'il n'exiſte aucune demande de leur part, & qu'il eſt impoſſible d'ordonner la nullité d'une plainte qui n'a jamais été rendue.

J'écarterai, avec la même facilité, les reproches faits à la procédure relativement à la capture de

Lardoife ; il fuffit d'en lire le procès-verbal, pour fe convaincre que ce particulier a été arrêté comme mendiant ; & quoiqu'il fût foupçonné d'être un des coupables du délit, l'aveu qu'il a fait lui-même de l'habitude de mendier, fuffit pour juftifier l'arrêt de fa perfonne, puifque les Ordonnances enjoignent aux Maréchauffées de conftituer prifonniers ceux qui s'y livrent.

Procédure faite hors du délai.

La nullité demandée des procédures faites par le Prévôt hors du délai prefcrit par l'Ordonnance, mérite peut-être un peu plus d'attention ; car ce Juge devient néceffairement incompétent lorfqu'il excède fes pouvoirs : la Loi a fixé leur nature & leur durée. Or, fuivant les Demandeurs en caffation, il devoit, 1°. renvoyer la connoiffance du délit, dans les vingt-quatre heures, au Juge du lieu ; ce qui n'a pas été fait (Art. 14 du tit. 2) ; 2°. faire juger la compétence dans trois jours, au plus tard ; ce qui n'a pas été fait ; 3°. faire remettre l'Accufé dans les prifons du Juge du lieu, & les procédures, pièces & procès-verbaux à fon Greffe dans les deux jours fuivans ; ce qui n'a pas été fait non plus.

Ces irrégularités difparoiffent cependant, en

grande partie, par le rapprochement des dates & la lecture de l'Ordonnance : elle veut, à la vérité, que le Prévôt se dépouille dans les vingt-quatre heures lorsqu'il juge sa compétence, mais elle lui permet, lorsque ce délai est passé, de renvoyer la connoissance de l'affaire, en prenant l'avis du Présidial ; & c'est ce qui a été suivi dans l'espèce présente. Il auroit peut-être été à desirer que l'Ordonnance eût fixé le terme auquel la compétence auroit dû être jugée, même par le Présidial, de manière qu'il ne dépendît pas du Prévôt de retenir les Accusés en prison, d'instruire contre eux une procédure longue, pendant le cours de laquelle ils ne peuvent même pas obtenir d'élargissement provisoire, pour le tout être ensuite renvoyé à un autre Juge ; mais cette disposition n'existe pas dans l'Ordonnance. On ne peut donc présenter comme nullité, ce qui n'est que l'exercice d'une faculté laissée au Prévôt dans l'ordre actuel des choses.

Délai de trois jours pour la Compétence.

La compétence devoit être jugée dans trois jours au plus tard : cela est vrai, & ce moyen seroit textuel si l'Ordonnance avoit ajouté, à compter du jour où la capture aura été faite, en exceptant seulement de ce délai les vingt-quatre heures, pen-

dant lefquelles le Prévôt peut fe déclarer feul incompétent ; mais l'Ordonnance ne dit pas cela ; &
quoique la rédaction de l'article permette de penfer que ce foit l'efprit de la Loi, ce n'eft point
fur une préfomption qu'on peut établir une nullité, & je vois, par l'examen de la procédure, que
le jugement de compétence a été rendu trois jours
après les conclufions du Procureur du Roi, à fin de
renvoi.

Délai de deux jours pour le renvoi des Accufés &
de la procédure.

La contravention réfultante du délai qui s'eft
écoulé depuis le jugement de compétence jufqu'au
renvoi des Accufés & au dépôt de la procédure,
eft plus difficile à écarter. Suivant l'Ordonnance, ce
délai ne devoit être que de deux jours : or, le
jugement de compétence eft du 7 Avril, l'Ordonnance de renvoi eft du 15, & le commandement
fait au Greffier, de porter au Greffe de Vinet la
procédure, eft du 18 ; il eft donc évident qu'il y
a, à cet égard, contravention précife à la difpofition de la Loi. J'ai peine à croire cependant que
cette irrégularité, fi elle étoit feule, dût opérer
la nullité de toute la procédure : on pourroit
la regarder comme une négligence du Juge,
qui

qui l'expoferoit à une injonction ; mais, dans une affaire où prefque chaque acte porte le caractère d'une irrégularité , peut-être même d'une contravention, & , où ce moyen , pris dans la Loi , eft préfenté par des accufés condamnés à la roue, il me paroît impoffible de l'écarter ni de le fuppofer couvert par l'abfence des Cavaliers qui devoient faire le tranfport. Ce prétexte , fût-il vrai dans le fait , pourroit toujours fervir à excufer pareilles contraventions. Je paffe maintenant à l'examen de la queftion relative à l'admiffion des témoins néceffaires.

Queftion rélative aux témoins néceffaires.

S'il s'agiffoit ici de traiter cette queftion fous le point de vue de le Légiflation , de décider les cas où le Juge peut fe permettre d'écouter ce genre de preuve , & ceux où il doit le rejeter , je croirois alors devoir me livrer à une difcuffion très-étendue fur le danger qu'il y auroit à admettre ou à rejeter toujours les difpofitions de cette nature , & il feroit très-facile de fuppofer des exemples effrayans de l'ufage du principe qui feroit adopté , foit qu'on propofât d'écarter ou d'admettre les témoins néceffaires. Mais je ne dois pas perdre de vue que le Confeil n'a , dans ce moment, à ftatuer que

fur un moyen de caſſation. Je dois donc me borner à examiner ce qui réſulte de ce que Thomaſſin, ſa femme & ſon fils ont été entendus en dépoſition ; or, je ſuis loin de penſer que ce moyen
puiſſe déterminer la caſſation. En effet, on entend
par témoins néceſſaires, ceux que le Juge ne choi-
ſiroit pas s'il y en avoit d'autres qui puſſent éclairer ſa religion, mais dont la dépoſition devient
néceſſaire parce qu'eux ſeuls ont vu commettre
le crime dont on pourſuit la recherche. De ce
nombre ſont les parens, alliés, ſerviteurs & do-
meſtiques des Parties, & l'Ordonnance (de 1670,
Tit. 6, Art. 5) loin de prohiber aux Juges d'entendre leurs dépoſitions, leur enjoint de leur demander s'ils ſont parens, alliés ou ſerviteurs des
Parties, & de faire mention de leurs réponſes :
elle ſuppoſe donc poſſible, dans l'un & l'autre de
ces cas, que des pareils témoignages puiſſent être
entendus ; mais elle veut, en même temps, que le
Juge ſoit averti, par ces qualités, de ne donner à
ces dépoſitions que le degré de confiance qu'elles
méritent. L'Ordonnance de 1670 n'a fait, à cet
égard, que confirmer la diſpoſition de l'Ordonnance de Blois de 1579, Art. 203. Ainſi, de tout
temps, la Juriſprudence a été uniforme ſur ce point.
L'intention de la Loi de 1670 devient évidente, ſi
l'on rapproche les diſpoſitions de l'Art. 5 de celles

de l'Art. 2 : on voit, en effet, qu'en permettant de recevoir la déposition des impubères, l'Ordonnance ajoute : sauf à y avoir tel égard que de raison.

Ces réflexions suffisent peut-être pour faire tomber le moyen résultant de la déposition de Thomassin fils ; mais les Demandeurs soutiennent que ce moyen est sans replique, lorsqu'il est opposé aux dépositions de Thomassin père, & de sa femme : « Ce sont eux, disent-ils, qui étoient Plaignans ; » ils avoient un intérêt direct à déposer confor- » mément à ce qu'ils avoient déclaré précédem- » ment ; & si l'Ordonnance permet, en certains » cas, d'entendre les parens, alliés, ou serviteurs » des Parties, elle ne permet sûrement pas de re- » cevoir les dépositions des Parties elles-mêmes ».

Cette objection me met dans le cas d'exa- miner, ainsi que je l'ai annoncé, la véritable qualité des Thomassin dans cette affaire ; ils sont présentés, par les Demandeurs, comme Plai- gnans & Accusateurs ; ceux qui soutiennent la ré- gularité de l'Arrêt, ont été jusqu'à leur refuser, au contraire, le titre de Dénonciateurs. Tout le monde sait la différence qui résulte de ces di- verses qualités ; la sagesse de nos loix a fait disparoître, de toutes les procédures criminelles, les Accusateurs privés, connus anciennement sous le le nom de Délateurs ; c'est le Magistrat chargé de la vindicte publique, qui peut seul conclure à la peine du crime ; celui qui rend plainte contre un autre & l'accuse d'un délit, n'a d'autre droit que celui de demander des réparations civiles. Ainsi, pour être Accusateur il faut être Plaignant & Partie civile : celui qui réunit ces qualités ne peut certainement être entendu en déposition dans sa propre cause : celui même qui, sans se rendre Partie civile, est simplement Plaignant, ne sauroit peut être déposer non plus, parce que la loi lui laisse, dans tout le cours de la procédure, le droit de se rendre Partie civile ; mais il existe une autre manière de figurer dans une procédure criminelle, c'est celle de se rendre Dénonciateur. On entend par ce mot celui qui, sans intérêt personnel, sans avoir de demandes à faire, par le seul motif d'éclairer la justice sur l'infraction de l'ordre public, l'instruit d'un délit dont il a été le témoin ou la victime ; son intérêt personnel n'entre pour rien dans sa démarche, & il seroit sans doute absurde de soutenir que le Juge doit, à peine de nullité, rejeter sa déposition, sous prétexte qu'elle doit absolument être conforme à sa dénonciation.

Telles sont les différentes qualités sous lesquelles un particulier peut paroître dans l'instruction d'un procès criminel : voyons maintenant quelle eft celle qui peut convenir aux Thomaffin.

Ils ne font, comme je l'ai déjà établi, ni Partie civile, ni Plaignans, ni Accufateurs : mais ne font ils pas réellement Dénonciateurs ? J'avoue que je n'en fais pas le moindre doute ; en effet on voit, dans le rapport du Brigadier de Maréchauffée, que Thomaffin ne s'étoit mis en marche que pour l'aller chercher & *lui dénoncer les délits* commis dans la maifon de fon père ; c'eft probablement fous la dictée du mari & de la femme que le récit des faits a été écrit, & quoique cet acte porte une date, qui n'eft pas celle de la maifon des Thomaffin, on voit que cette date eft plutôt celle de la clôture de l'acte que celle de fa rédaction, qui a été continuée à plufieurs reprifes. Tout le monde fait d'ailleurs qu'il y a bien des manières de défigner quelqu'un fans le nommer ; les fignalemens donnés par Thomaffin étoient tellement fuffifans pour faire connoître ceux qu'ils prétendoient défigner, que c'eft fur ce fignalement qu'ils ont été arrêtés ; & s'il étoit poffible d'élever quelque doute fur la véritable qualité des Thomaffin dans cette affaire, je demanderois à quels dommages-intéréts ils feroient condamnés, dans le cas où, par l'évènement de la procédure, il deviendroit aujourd'hui prouvé que les coupables du délit qu'ils ont dénoncé sont autres que les accusés. Cette question a été jugée dans l'affaire de Cahusat, déjà citée : les sieur & dame Belloc, seuls témoins *de visu* & seuls témoins nécessaires, avoient dénoncé aussi un inconnu ; ils n'étoient ni Parties civiles, ni Accusateurs, & cependant, lors de la réhabilitation de la mémoire de Cahusat, ils furent condamnés à 6,000 liv. de dommages & intérêts.

Le résultat de toutes ces réflexions me paroît donc devoir être, 1°. que l'admission des témoins nécessaires ne peut être présentée comme moyen de cassation. 2°. Que l'on seroit mal-fondé à soutenir qu'ils ne doivent jamais être entendus, mais qu'on ne le seroit pas moins à prétendre qu'il faut toujours les croire. 3°. Que l'on a fait de vains efforts pour établir que les Thomassin étoient Plaignans & Accusateurs, mais qu'il ne seroit pas exact non plus de prétendre qu'ils ne sont pas même Dénonciateurs.

Après avoir établi que cette dénomination est celle qui leur est propre, & qu'elle ne suffisoit pas pour faire rejeter leurs dépositions, il ne reste plus qu'à examiner à quel point elle devoit modérer le dégré de confiance que le Juge pou-

voit leur accorder, & c'eſt ici que les variations,
qui ſe trouvent dans le tableau rapproché de la
déclaration avec la dépoſition, deviennent d'un
grand poids. J'écarte ce qui n'eſt qu'omiſſion dans
le premier de ces actes & ſe trouve énoncé dans
le ſecond, parce que cette omiſſion peut être le
fait du Brigadier, mais il n'en eſt pas de même
des contradictions & des impoſſibilités ; or, il y
en a d'une telle force qu'il eſt difficile de conce-
voir que le Juge n'en ait pas été frappé. Je ne
répéterai point ici ce qui a été dit précédemment
ſur ce point : mais les Thomaſſin ont dit ſucceſ-
ſivement avoir été liés ſur le même lit, puis,
ſur des lits différens ; ils ont déclaré, en 1783,
que les coupables leur étoient inconnus ; puis ils
ont dit avoir appris que l'un d'eux ſe nom-
moit Malbroug ; puis, en 1785, Thomaſſin a
dit avoir reconnu, à l'inſtant même du délit, ledit
Malbroug. Enfin on ne peut douter de l'exa-
gération commiſe par la femme Thomaſſin dans
le détail où elle entre des violences exercées ſur
ſa perſonne, & ces obſervations deviennent d'une
grande importance, lorſqu'on conſidère que c'eſt
ſur la foi de pareilles dépoſitions, & ſans qu'il
y ait d'ailleurs une ſeule preuve acquiſe contre
les accuſés, qu'ils ſont condamnés à la roue. Le
motif, qui ne permettroit pas à la partie civile

d'être entendue en déposition, est sans doute l'intérêt personnel, résultant de ses demandes : mais ce motif n'est-il donc pas également applicable à la crainte des dommages & intérêts ? il est tout aussi important, pour le Dénonciateur, de se garantir de ce danger, qu'il l'est pour la Partie civile d'établir la légitimité de ses conclusions ; or, dans l'exemple que je viens de citer, les Belloc, qui avoient été de bonne foi dans tout le cours de la procédure, cessèrent de l'être par ce motif, lorsqu'ils furent confrontés au véritable coupable ; & pour éviter la condamnation qu'ils craignoient, ils lui soutinrent, à la confrontation, qu'il en imposoit, & qu'il n'étoit pas l'auteur du crime qu'il avouoit. On voit par ces réflexions & cet exemple combien la déposition des Thomassin, même en la jugeant recevable dans la forme, devoit paroître insufisante au juge, étant dénuée du concours des autres preuves. Cette réflexion sortant de la classe des moyens de cassation, peut rentrer dans la présomption d'innocence ; je ne la développerai pas d'une manière plus étendue. Examinons maintenant les moyens de prise à partie contre les Archers & le Prévôt.

Les Demandeurs en cassation présentent huit contraventions à l'Ordonnance pour établir leurs prétentions à cet égard. Ce n'est pas sous le

point de vue de la prife à partie que ces contraventions me paroiffent devoir être difcutées ,
le Confeil ne croira probablement, dans aucun
cas, devoir ftatuer fur cette demande : ainfi c'eft
comme irrégularité dans la procédure que ces
moyens doivent être préfentés. Ils ne me paroiffent pas mériter tous la même attention , & le
compte que j'ai eu l'honneur d'en rendre aura,
fans doute, fixé déjà celle du Confeil fur les feuls
points qui méritent une difcuffion particulière.
De ce nombre font , 1°. le défaut d'inventaire
exact des effets trouvés fur les accufés au moment
de leur capture ; 2°. la contravention réfultante
de ce que les accufés n'ont pas été ouis en pré-
fence de tous les Juges avant le Jugement de
compétence , qui ne leur a pas été fignifié fur-
le-champ , comme le veut l'Ordonnance ; 3°. le
féjour d'un mois que les accufés ont fait dans
les prifons prévôtales, après le Jugement de
compétence , qui devoit les en faire fortir au bout
de trois jours.

Ce n'eft point , fans doute, une contravention
légère que l'omiffion d'inventaire des effets trouvés fur les Accufés ; c'eft au moment même de la
capture que cet inventaire doit être fait ; c'eft avant
que l'Accufé ait pu fe débarraffer des effets volés
qu'on doit conftater qu'il en étoit faifi , ou établir,

comme préfomption d'innocence, qu'il ne l'étoit pas : tel eſt le vœu de la Loi, il eſt ſage, & il ſeroit ſans doute à deſirer que le Brigadier Martin s'y fût conformé.

Lardoiſe a été arrêté preſque immédiatement après le délit. Il devoit naturellement avoir partagé avec ſes complices, les objets qu'il étoit accuſé d'avoir volé chez Thomaſſin ; il étoit de la plus grande importance de conſtater ſi ſes habits étoient enſanglantés, s'ils paroiſſoient avoir été lavés, &c. Au lieu de cela, que trouve-t-on dans le procès-verbal de capture ? La ſimple déclaration qu'il a été fouillé, & qu'on ne lui a rien trouvé de ſuſpect. Eſt-ce donc là l'inventaire voulu par la Loi, & qui devoit être ſigné par deux habitans ? Eſt-ce à Martin à décider ce qui eſt ſuſpect ou ne l'eſt pas ? Et ne devoit-il pas s'expliquer plutôt ſur ce qui exiſtoit dans les poches ou ſur la perſonne de Lardoiſe, que ſur ce qui n'y étoit pas.

Le vœu de la Loi paroît avoir été mieux ſuivi à l'égard de Simarre, puiſqu'on voit, dans ſon procès-verbal de capture & d'écrou, une courte deſcription de la croix trouvée ſur lui ; mais cette énonciation eſt plutôt une manière d'éluder la Loi que de l'exécuter. En effet, peut-on regarder comme inventoriée cette croix dont rien n'indique ni la grandeur, ni le poids, ni le contrôle, & dont l'anneau est désigné avoir été détaché, sans qu'il soit possible de deviner si ce détachement provient d'une cassure, qui devoit effectivement y être remarquée, si cette croix avoit été arrachée avec violence du vol de la femme Thomassin, ou, si, au contraire, l'anneau s'étoit détaché parce qu'il étoit usé, ce qui confirmoit l'assertion de Simarre, & pouvoit faire penser que cette croix appartenoit à sa femme.

Telles sont cependant les conséquences dangereuses qui résultent de la contravention à l'Ordonnance, & jamais ses dispositions ne doivent être suivies avec plus d'exactitude que dans ces premiers actes de la procédure criminelle, qui décident toujours du complément ou du dépérissement des preuves, & exposent les Juges les plus éclairés à de funestes erreurs.

Les Accusés n'ont point été ouis avant le jugement de compétence.

La contravention résultante de ce que les Accusés n'ont pas été ouis avant le jugement de compétence, en présence de tous les Juges, est tellement évidente, qu'il me paroit suffisant de rapprocher la Loi du moyen, pour en établir la solidité.

On m'objectera peut-être que le Prévôt ayant été jugé incompétent, le moyen s'évanouit, puisque les Accusés n'auroient pu proposer qu'un déclinatoire ; mais cette objection me paroît facile à réfuter. En effet, il ne s'agit pas ici de pénétrer l'intention de la Loi, il ne faut que l'exécuter ; elle ne distingue pas, elle ne prévoit pas le cas où l'Accusé proposera ou ne proposera pas le déclinatoire. Qui sait même si en entendant les Accusés, comme le veut l'Ordonnance, ils n'auroient pas établi par leurs aveux la compétence du Prévôt ? Ce n'est pas leur intérêt qui doit décider de la valeur du moyen, c'est l'intérêt de la Loi ; & s'il devient ainsi permis aux Juges inférieurs de s'écarter des dispositions des Ordonnances, on verra les interprétations se multiplier, d'une manière effrayante. Enfin, je ne pense pas qu'il soit possible de repousser les Accusés, qui cherchent à se prévaloir d'une contravention formelle, lors même que l'exécution de la Loi qu'ils reclament auroit pu leur être funeste.

L'Ordonnance vouloit aussi que le Jugement de compétence fût signifié, & que les accusés en reçussent copie sur-le-champ, A PEINE DE NULLITÉ DES PROCÉDURES, &c. On ne trouve dans la procédure aucune preuve de cette signification, & les accusés paroissent fondés à se prévaloir de cette contravention.

Enfin, ces accusés devoient, suivant l'article 21 du tit. 2, être transférés dans les prisons du Juge du lieu du délit, dans les deux jours qui ont suivi le jugement de compétence, & j'ai déjà eu occasion d'observer qu'ils sont restés près d'un mois dans les prisons prévôtales. On objectera peut-être qu'à cet égard la Loi ne prononce point de nullité en cas de contravention, mais seulement interdiction du Prévôt, & des dommages & intérêts.

Cette objection me paroît encore facile à écarter ; la Loi a voulu ajouter des peines personnelles à celle de nullité, qui doit toujours résulter de chaque contravention prouvée. Je suis loin de penser qu'on pût réussir à établir au Conseil le principe contraire, & à soutenir que la cassation ne peut être prononcée que pour contravention à une disposition d'ordonnance prescrite A PEINE DE NULLITÉ ; tous les jours le Conseil juge la question, & j'abuserois de ses momens en m'étendant davantage sur ce point.

Avant de me livrer à l'examen des moyens de cassation, je pense qu'il est utile de mettre sous les yeux du Conseil quelques observations sur l'origine & l'utilité des Jurisdictions Prévôtales.

L'institution primitive des Prévôts paroît beaucoup plus ancienne que les Ordonnances d'Orléans, de Moulins & de Blois ; ces Officiers, dont les fonctions avoient pour objet la Police des campagnes, étoient principalement chargés de veiller à la sûreté des grands chemins, & de purger les Provinces des voleurs, vagabonds & gens mal-vivans; aussi les anciennes Ordonnances les qualifioient-elles de *Prévôts Provinciaux*.

Celle d'Orléans, art. 69, leur enjoignoit de communiquer incontinent les informations & procédures, par eux faites, aux Juges des lieux, pour être *par eux* procédés à l'instruction & jugement des procès des délinquans.

L'art. 185 de l'Ordonnance de Blois ordonne « que les Prévôts seront tenus de monter à cheval, si-tôt qu'ils seront avertis de quelque volerie, meurtres, ou autres délits commis ès lieux » où ils seront établis, afin d'en informer, » prendre & appréhender le Délinquans; & aussi » exécuter promptement & sans remise, les Décrets & Mandemens de Justice qui leur seront » délivrés par les Juges & Substituts des Procureurs-Généraux, &c. »

L'utilité que l'on pouvoit retirer autrefois de l'établissement des Prévôts, pourroit n'être plus la même aujourd'hui; les campagnes sont tranquilles, les communications beaucoup plus faciles, & par conséquent le nombre des Malfaiteurs moins considérable.

Cette réflexion pourroit déterminer à revenir actuellement sur l'étendue des pouvoirs successivement accordés aux Prévôtés, & à restreindre ou supprimer le droit qui leur a été accordé, de juger en dernier ressort, & de faire exécuter la peine de mort, *aussi-tôt qu'ils l'ont prononcée.* (Voyez les Déclarations de 1720 & 1731.)

Je passe maintenant à l'examen des nullités résultantes de la procédure faite à Chaumont, ou au Parlement.

Je ne suivrai point dans cette discussion l'ordre dans lequel les moyens ont été présentés ; les divisions adoptées par le Mémoire font reparoître plusieurs fois le même moyen dans différentes classes. C'est ainsi qu'après avoir cru établir que les Thomassin ne devoient pas être entendus en déposition, l'Auteur du Mémoire place dans le nombre des procédures prohibées la confrontation des mêmes Thomassin. Je ne m'arrêterai pas davantage aux moyens résultans de quelques confrontations : il suffira d'observer sur ce point, qu'il ne faut pas confondre dans l'Ordonnance ce qui est de faculté, avec ce qui est d'obligation.

Je crois devoir écarter de même le reproche fait au Juge de Vinet, d'avoir ordonné le contraire de ce qui avoit été décidé souverainement au Présidial. Il est certain que ce Tribunal n'avoit pu pro-

noncer que fur la compétence du Prévôt , & non
fur celle du Juge de Chaumont ; ainfi le moyen
s'évanouit. L'acceptation du renvoi fait par un
feul Juge , ne mérite pas une difcuffion plus étendue ; cette acceptation étoit inutile , & le Juge
pouvoit fimplement ordonner la continuation de
la procédure.

Les feuls moyens qui me paroiffent mériter
une attention particulière, font ceux qui réfultent, 1°. de ce que le Règlement à l'extraordinaire a été prononcé par un feul Juge ; 2°. du
refus d'admettre les faits juftificatifs ; 3°. de l'omiffion des Procès-verbaux de violence & d'effractions ,
dans le temps où ils auroient dû être faits ; 4°. de
ce que les Thomaffin ont fait une déclaration affermentée , poftérieure à leur dépofition , & de
ce que cette déclaration à été reçue, au mépris
de l'Ordonnance , (tit. 15 , art. 21) ; 5°. de la
forme dans laquelle l'interrogatoire fur la fellette
a été rédigé.

Examinons fucceffivement tous ces Moyens,

PREMIER MOYEN.

Réglement à l'extraordinaire.

Le Réglement à l'extraordinaire eft , de tous
les Jugemens d'inftruction , le plus important;

c'eft

c'eſt lui qui place l'Accuſé dans l'ordre de procédure qu'on nomme grand criminel ; c'eſt lui
qui l'expoſe à la confrontation avec les témoins ;
& qui prépare la condamnation dont il peut être
victime. Or, l'Ordonnance (titre 26 , art. 12),
veut que tous les Jugemens ; même ceux d'inſ-
truction , paſſent à l'avis le plus doux , ſi le plus
ſévère ne prévaut d'une voix dans les procès qui
ſe jugent à la charge de l'appel , & de deux, dans
ceux qui ſe jugent en dernier reſſort. L'Ordonnance emploie même preſque toujours , en par-
lant des Juges , le mot *les* , au-lieu de l'article
le. Elle ſuppoſe donc que ce ne ſera pas un ſeul
Juge qui prononcera le Règlement à l'extraordinaire ; car alors il ſeroit impoſſible que ce Jugement paſſât à l'avis le plus doux. Ce raiſonne-
ment peut avoir quelque force ; mais, ſans m'ar-
rêter aux uſages , parce que je les croirai toujours
inſuffiſans pour juſtifier une contravention , je
crois trouver dans l'Ordonnance même la réponſe
au Moyen. Cette réponſe me paroît écrite dans
l'article 10 du titre 26 , qui dit : « aux procès
» qui ſeront jugés à la charge d'appel , par les
» Juges Royaux ou ceux des Seigneurs, aſſiſteront
» au moins trois Juges , &c. » Si la préſence
de trois Juges n'eſt requiſe que pour le Jugement définitif , il eſt poſſible de ſoutenir

Diſcuſſion ſur la Légiſl. Criminelle.   C

que cette difposition n'eft pas néceffaire pour les Jugemens qui précèdent celui dont il s'agit. Alors l'article 12. paroîtroit avoir feulement prévu le cas où plufieurs Juges auroient, par hafard, concouru au Jugement d'inftruction, & avoir voulu, en ce cas, que l'avis le plus doux prévalût.

J'ai vu d'ailleurs, par les recherches qu'un de MM. les Commiffaires a eu la bonté de me communiquer, que ce moyen avoit déjà été préfenté au Confeil dans l'affaire des nommés James & Maudouin, & qu'après des éclairciffemens demandés & reçus, le Confeil, quoique frappé des incertitudes que peuvent laiffer les deux Articles de l'Ordonnance, n'avoit pas cru ce moyen (le feul qui, dans cette affaire, eût paru mériter fon attention) fuffifant pour faire prononcer la caffation demandée.

Je n'infifterai pas non plus fur les termes de l'Art. 13. du Tit. 17, qui veut que, fi la procédure eft valablement faite, *les Juges* ordonnent la confrontation & le récolement des témoins. On voit, en effet, que l'Ordonnance emploie indifféremment le mot *le* ou *les*. L'Art. premier du Tit. 15 porte : « fi l'accufation mérite d'être inftruite, » *le* Juge ordonnera que les témoins ouis feront » confrontés & récolés, &c ».

D'après ces considérations, je crois que le moyen tiré du Règlement à l'extraordinaire, prononcé par un seul Juge, peut-être écarté.

Malgré cette opinion, il n'est pas inutile de rapporter celle de M. Pussort qui, lors de la rédaction de l'Art. 10 du Tit. 26, observa que l'on ne peut apporter trop de précaution lorsqu'il s'agit de la vie & de l'honneur des Citoyens, particulièrement si l'on considère que la plupart sont justiciables des Juges des Seigneurs, qui sont sans expérience, & qui peuvent être facilement corrompus; qu'encore qu'il y ait appel de leurs jugemens, néanmoins il reste toujours quelque flétrissure d'une condamnation infamante, quoiqu'elle soit infirmée & suivie d'une réparation.

SECOND MOYEN.

Refus d'admettre les faits justificatifs.

L'examen de ce moyen paroît, au premier coup-d'œil, n'offrir au Conseil que des présomptions d'innocence, & pouvoir être facilement converti en moyen de revision.

Mais une réflexion bien importante suffit, je crois, pour écarter cette objection : lorsque les présomp-

tions d'innocence furviennent, après le jugement
par des faits nouveaux que le Juge n'a pu ni dû
préfumer, alors la voie de la revifion doit être
ouverte à l'accufé, pour obtenir un jugement plus
favorable, j'oferai même dire aux Juges, pour les
préferver du remords affreux d'avoir condamné un
innocent; l'accufé n'a point alors à craindre cette
foibleffe, inféparable de l'humanité, qui fait qu'on
tient à une première opinion reçue, qui éloigne
l'aveu d'une erreur dans laquelle il auroit été poffible de ne pas tomber.

On repouffe toujours avec force l'idée d'avoir
eu un tort grave, même avec les intentions les plus
pures, & ce n'eft que lorfque le Juge & l'accufé
font à l'abri de cette impreffion involontaire, que
la fageffe du Légiflateur leur accorde la voie de la
revifion ; mais, lorfque par un concours malheureux
de circonftances, ou par horreur pour le crime,
le Juge s'eft laiffé prévenir contre l'accufé, lorfqu'il
a négligé tout ce qui pouvoit éclairer fa religion,
enfin, lorfqu'en prononçant fur cette revifion, il ne
fauroit trouver que dans la droiture de fon cœur
l'excufe de l'arrêt qu'on lui propofe de rétracter ;
il eft impoffible de fuppofer que la Loi ait oublié
que les Juges font hommes, & que c'eft fur la
vie des autres hommes qu'ils prononcent : c'eft donc
dans la Loi même que doit fe trouver le moyen

de fauver l'accufé innocent, & ce moyen eft écrit dans l'Ordonnance, qui prefcrit aux Juges d'inftruire *à charge & à décharge*, & de ne prononcer que lorfque l'inftruction eft complette : or, eft-il poffible de regarder comme telle la procédure foumife au jugement du Confeil? On y voit trois accufés condamnés à la roue, *pour les cas réfultans du procès*, où les feuls témoins dont la dépofition ait pu faire charge, font précifément ceux qui prétendent avoir été volés & bleffés par eux ; ils ont, dans tous leurs interrogatoires, établi des faits juftificatifs qu'ils ignoroient devoir propofer par Requête, mais le Juge ne devoit-il pas en ordonner la preuve? Lardoife alléguoit un *alibi* bien facile à prouver ; car c'eft immédiatement après le délit, à l'inftant de fa capture, qu'il déclaroit avoir couché chez le fermier de la Perthe, & y avoir été vu : on pouvoit, à l'inftant même, vérifier ce fait ; on l'a négligé. Bradier ne pouvoit avoir à la fois couché chez lui, y avoir été vu pendant la nuit par Very, Garde traverfier, & avoir commis le crime à Vinet. Or, un témoin bien important dépofe que Bradier avoir couché chez lui ; c'eft fon propre fils, un enfant de huit ans, qui l'a déclaré au Brigadier Martin ; & Very n'a point été entendu.

Simatre déclaroit, au moment où il a été arsété, que la croix trouvée sur lui étoit celle de sa femme ; il invoquoit le témoignage de deux personnes qui avoient vu cette femme la lui donner pour la changer à Troyes : si jamais fait fut essentiel à prouver, c'étoit sans doute celui - ci , qui pouvoit, presque à lui seul, constater le crime ou l'innocence des acccusés ; on n'en a rien fait. La propriété de la femme Thomassin a été jugée suffisamment établie pour opérer la condamnation de Simarre sur des inidces qui, en matière civile, n'auroient jamais suffi pour l'autoriser à réclamer cette croix.

Aujourd'hui le Conseil a sous les yeux les pièces extrajudiciaires qui semblent prouver non-seulement le fait articulé par Simarre, mais encore que la croix dont il s'agit appartenoit à sa femme, long temps avant le délit, ainsi que la bague jointe à cette croix, qui n'a même jamais été réclamée par les Thomassin.

Mais, dira-t-on, c'est parce que ces pièces sont extrajudiciaires qu'elles ne méritent aucun égard. Quoi ! parce qu'un Juge aura négligé les preuves de l'innocence, il deviendra impossible de les écouter, il ne sera pas permis à l'accusé de dire : « Je » me sers du seul moyen qui me reste pour établir, » par des certificats, ce que le Juge a refusé ou » évité d'entendre comme déposition ».

On me dira peut-être encore, mais les accusés , eux-mêmes, ont varié dans leurs réponses. Les

Thomaffin n'ont-ils donc pas varié dans leurs dépofitions ? Et des malheureux, intimidés par la pré-
fence d'un Juge, par les formes de l'interrogatoire
& par le féjour des prifons, ne peuvent-ils donc
pas fe tromper fur les dates, fans être réputés coupables ?

Les réflexions par lefquelles on pourroit écarter
les faits juftificatifs, préfentés aujourd'hui par les
accufés, en obfervant qu'ils auroient dû demander
par Requête, à en faire preuve, en font naître de
bien importantes fur la néceffité de donner un Confeil aux accufés : en effet la Loi prefcrit les formes fans lefquelles ils ne peuvent faire entendre
leur défenfe, & il eft évident que ces formes
font toujours ignorées d'eux. Ils font fouvent
hors d'état d'entendre les queftions qui leur
font faites, de faifir les contradictions qui peuvent fe trouver dans les dépofitions qui leur font
oppofées ; troublés par la crainte de la mort, par
l'image du fupplice, il leur arrive fouvent de nier
des faits vrais & indifférens, dont la preuve, aux
yeux d'un Juge prévenu, complète enfuite celle
d'un crime qu'ils n'ont pas commis.

Nos Loix ont pris les précautions les plus fages
pour acquérir la preuve des délits ; elles fem-
blent s'en être rapportées à la prudence des Juges
pour celle de l'innocence. En lifant attentivement

le Procès-verbal de l'Ordonnance, on remarque, avec peine, que la seconde Partie, qui paroît contenir le peu de dispositions qui sont favorables à l'accusé, est presque dénuée de ces observations précieuses qui se présentent en foule dans la première Partie, & par lesquelles un Magistrat aussi recommandable par ses lumières & ses qualités personnelles que par l'éminence de son rang, opposoit à la sévérité d'un des Rédacteurs, tout ce que l'humanité bienfaisante & éclairée pouvoit réunir pour le bien de la Société, & pour la sûreté de l'innocence.

C'est précisément en discutant la nécessité de donner un Conseil aux accusés, que sont sortis de la bouche de ce Magistrat les principes suivans, à jamais respectables, & consignés dans le Procès-verbal de l'Ordonnance : « *Il est certain qu'entre tous les maux qui peuvent arriver dans la distribution de la Justice, aucun n'est comparable à celui de faire mourir un innocent ; il vaudroit mieux encore absoudre mille coupables.*

Tel est donc l'appui avec lequel j'ose former aujourd'hui le vœu de voir donner un Conseil aux accusés ; mais à quelle époque cette faculté peut-elle leur être accordée ?

Il seroit peut-être dangereux que ce fût dès le commencement d'une procédure criminelle, parce que les preuves du délit n'étant pas acquises, il deviendroit sans doute plus difficile de se les procuier, soit parce que les témoins pourroient être circonvenus, soit parce que les réponses de l'accusé seroient concertées entre lui & son Conseil. (1)

S'il est naturel d'accorder des défenseurs aux accusés, il ne faut pas que ce soit pour eux un moyen de soustraire à la Justice la connoissance de leurs crimes, & je pense qu'ils ne devroient jouir de la faculté d'avoir des Conseils que lorsque les premiers actes de la procédure seroient faits, c'est-à-dire, lors du règlement à l'extraordinaire : voilà le moment où toutes les preuves étant sous la main de la Justice, il ne lui reste plus qu'à vérifier, par la confrontation, le degré de confiance qu'elles méritent ; voilà celui où le Conseil donné à l'accusé, peut préserver le Juge lui-même d'une erreur funeste.

En adoptant les réflexions générales, présentées sur ce point par le défenseur des accusés, on peut en joindre une particulière à l'espèce même qui l'a fait naître.

Les trois accusés mettent aujourd'hui sous les yeux du Conseil la preuve, presque complète, des faits par eux articulés ; mais cette preuve n'est

(1) Il ne faut pas perdre de vue que cette Opinion a été proposée le 30 Juillet 1787.

confignée que dans des certificats, & nos formes repouffent, avec raifon, ce genre de preuve ; elle feroit cependant acquife aux accufés, fi, par la voix d'un Confeil, ils avoient requis que les faits atteftés dans ces certificats, le fuffent dans des dépofitions ;.& le Confeil du Roi fe trouve aujourd'hui, par la forme, dans l'impoffibilité d'écouter ce qui auroit pu dicter fa décifion fur le fond.

Ce n'eft donc pas pour prouver que les accufés font innocens, qu'ils ont produit des pièces extrajudiciaires, & que j'infifte fur ces détails ; c'eft pour prouver que la condamnation à un fupplice atroce, a été prononcée fur une procédure entièrement incomplète. Et lorfque de pareils faits font dénoncés au Confeil, lorfqu'ils font accompagnés de circonftances auffi frappantes, je n'héfite pas à croire que ce moyen doit être écouté.

IIIe. MOYEN.

Déclaration affermentée des Thomaffin.

La procédure faite au Bailliage de Chaumont, eft encore attaquée de nullité en raifon de la contravention qu'elle contient à l'art. 21. du tit. 15. de l'Ordonnance. « Défendons aux Juges d'avoir » égard aux déclarations faites par les témoins

» depuis l'information ; lefquelles nous déclarons
» nulles. Vculons qu'elles foient rejetées du Pro-
» cès ; & néanmoins le témoin qui l'aura faite ,
» & la Partie qui l'aura produite , condamnés
» chacun en quatre cents livres d'amende en-
» vers nous , & autre plus grande peine s'il
» y échet ». Si l'on rapproche les difpofitions
de cet article , de la déclaration donnée par les
Thomaffin le 24. Juin 1785 , le moyen paroît
peu fufceptible de réponfe. En effet , la contravention eft précife ; le motif des Thomaffin , leur
intérêt , peut facilement fe pénétrer ; mais on ne
fauroit fe défendre de quelque étonnement en
voyant le Juge méconnoître ainfi les premiers élé-
mens de la procédure criminelle , lorfqu'il s'agit
d'aggraver les charges contre les accufés ; écouter
des faits nouveaux que l'Ordonnance lui prefcri-
voit de repouffer , conftater d'une manière toute
auffi irrégulière un fait relatif aux effractions , en
mandant extra-judiciairement le Maréchal Ludot ,
en recevant un témoignage qui n'eft pas une dépofition , qui n'eft par conféquent fuivi ni de récolemens , ni de confrontations , & cela dans le
même moment où le même Juge éloignoit la
preuve de faits juftificatifs qu'il pouvoit fe procurer
d'une manière très-régulière : enfin , ce qui achève
de démontrer l'importance de ce moyen , c'eft
que la Sentence du même Juge déclare les accufés

atteints & convaincus de différens délits dénoncés par les Thomaſſin, & dont la procédure ne contient ni la fuite, ni la preuve.

Je paſſe maintenant au moyen réſultant de l'omiſſion des procès-verbaux.

IVe. M O Y E N.

Omiſſion des procès-verbaux.

Ce moyen me paroît un des p¹ ᵉˢ importans de tous ceux qui ont été préſentés; ..ai., avant d'examiner les différentes opinions auxquelles il peut donner lieu, voyons ce que dit la Loi; j'ouvre l'Ordonnance, & je trouve (tit. 4, art. 1ᵉ¹.) : « Les Juges dreſſeront, fur-le-champ & fans dé- » placer, procès-verbal de l'état auquel feront » trouvées les perfonnes bleſſées ou le corps mort, » enfemble du lieu où le délit aura été commis, » & de tout ce qui peut fervir pour la décharge » ou conviction ».

Je lis enfuite dans le Commentateur : « Cette » règle eſt ſi importante dans la procédure crimi- » nelle, qu'il eſt arrivé que des Juges, pour ne » l'avoir pas exactement obfervée, ont fait mou- » rir des innocens pour venger le meurtre de per- » fonnes qui ont été exhibées vivantes ».

Après une difpofition auſſi précife, je demande s'il peut y avoir la moindre incertitude fur le but de la Loi & fur le genre de preuve qu'elle a voulu fe procurer. Obfervons d'abord la marche de l'Ordonnance : il femble que par l'ordre de fa rédaction, elle ait voulu indiquer celui qui doit fuivre l'introduction, & fixer le degré d'importance qu'elle met à chaque genre de preuve ; celle qui réfulte de procès-verbaux réguliers faits à l'inftant du délit, lorfque le mort, le bleffé, l'état des lieux, lorfque tout, enfin, concourt au complément de la preuve, eft, avec raifon, placée par l'Ordonnance avant celle qui réfulte de l'information & de la dépofition des témoins.

Auffi trouve-t-on dans cette Loi un article qui permet de juger fans information, parce que ce genre de preuve peut être fuppléé par l'aveu de l'accufé, accompagné des preuves qui réfultent des procès-verbaux & autres pièces authentiques ; mais rien ne doit difpenfer de fe conformer au vœu d'une Loi fage, précife, qu'il s'agit d'exécuter & non de commenter, qu'il faudroit enfin rédiger fi elle ne l'étoit pas.

On pourra m'objecter qu'il y a des cas, très-rares à la vérité, où le corps du délit ne peut être conftaté ; par exemple, le corps d'un noyé ne fe retrouve pas : faudra-t-il donc renoncer à la pourfuite du crime, parce qu'il fera devenu impoffible d'en retrouver la victime ?

Faut-il que l'ignorance d'un Juge inférieur, ou sa négligence, expose la Société à voir rentrer dans son sein des scélérats qui y commettront des délits, & ne faut-il pas laisser à la conscience des Juges à décider le degré de preuve qui leur est nécessaire ? Telles sont les objections que j'aurai peut-être à combattre ; ma réponse sera simple & facile : je dirai que toutes les fois que le procès verbal voulu par la Loi sera possible, il faudra le dresser, & que lorsqu'il ne le sera pas, il faudra constater cette impossibilité, soit par un procès-verbal de perquisition, soit par toute autre forme qui prouvera que le vœu de la Loi a été rempli. Je répondrai à l'objection fondée sur le dépérissement des preuves, arrivé par la faute des premiers Juges, en citant tous les articles de l'Ordonnance qui font courir aux preuves le même danger ; & s'il faut opter entre celui que peut courir l'innocence & celui dont il s'agit, je ne pense pas qu'il y ait à hésiter. Voilà les réflexions générales que présente la question ; mais, s'il faut en faire l'application à l'espèce présente, j'observerai, 1°. que ce procès-verbal étoit possible, puisqu'il a été rédigé vingt deux mois après le délit ; 2°. que s'il est important de se conformer à l'Ordonnance en dressant sur-le-champ ce procès-verbal, il est bien plus important encore de le rejeter lorsqu'il est postérieur de près de deux ans aux délits dont on cherche la preuve. En effet, pourquoi donc s'occuperoit-on sans celse du dépérissement des preuves du crime, & jamais de celui des preuves de l'innocence ? Et quel moyen de justification lui restera-t-il s'il dépend d'un accusateur, & même d'un simple dénonciateur, de préparer, pendant un temps aussi long, la preuve d'un fait, qui, s'il n'est pas prouvé, peut l'exposer à des dommages & intérêts ? Mais, dira-t-on, ce procès-verbal tardif & surabondant n'a point influé sur la condamnation : on peut le présumer, puisqu'il n'a point été représenté aux accusés, & qu'ils n'ont point été interrogés sur les inductions qui peuvent en résulter. Cette observation n'a point échappé au Rédacteur du Mémoire, mais il l'a regardée comme une irrégularité de plus dans une procédure qui en offre déjà un grand nombre d'autres ; il n'en est pas moins vrai que ce procès-verbal est visé dans la Sentence, que la Sentence l'est dans l'Arrêt, & qu'il fait par conséquent partie de la procédure.

Voyons maintenant s'il est vrai que ce procès-verbal soit surabondant, & qu'il fût possible de s'en passer. De tous les faits reprochés aux accusés, un seul pouvoit les faire condamner au supplice de la roue, c'est celui du coup de couteau donné à

Thomaſſin : or, je demande ſi le Juge pouvoit ſe diſpenſer de conſtater ce fait autrement que par la dépoſition de Thomaſſin & de ſa femme. Un Chirurgien a, dit on, penſé la bleſſure : ce Chirurgien n'eſt point entendu : la femme Bradier lui a aidé ; elle n'eſt point confrontée. Enfin, au moment préſent, il n'exiſte encore au procès aucune preuve, non-ſeulement qu'on ait vu le ſang couler & la bleſſure récente, mais la cicatrice qui devoit exiſter ſur le bras de Thomaſſin n'a pas même été vue lors du procès-verbal qui a conſtaté les effractions ; c'eſt donc encore à préſent un point fort douteux que celui de ſavoir ſi le fait qui a envoyé cet accuſé à la roue, a été réellement commis. Je ne dois pas cependant paroître ignorer qu'en certains cas le Parlement regarde comme ſuffiſante la preuve qui peut réſulter des informations, ſans que le concours du procès-verbal ſoit néceſſaire, & c'eſt préciſément cette obſervation qui me fait ajouter encore plus de force au moyen. En effet, la queſtion ſoumiſe à la déciſion du Conſeil eſt préciſément celle de ſavoir ſi lorſque l'Ordonnance exige la réunion de deux genres de preuves, lorſqu'elle paroît même préférer l'un des deux, s'il eſt, dis-je, permis aux Juges de ſe contenter d'une ſeule, & de celle qui peut le plus ſouvent les induire en erreur.

Il suffiroit peut-être, pour déterminer l'opinion du Conseil, de lui rappeler le détail effrayant d'un grand nombre de procédures criminelles qui ont passé sous ses yeux ; on y verroit très-certainement, que presque toutes les demandes en réhabilitation, qui ont été accueillies, portoient sur des Arrêts prononcés d'après la preuve testimoniale, dénuée du concours des autres preuves. Ces exemples douloureux pourroient malheureusement être cités en grand nombre. Je choisirai encore celui dont j'ai déjà parlé, c'est celui de Cahusat. Cet infortuné dont j'ai eu l'honneur de rapporter l'affaire au Conseil, fut pendu pour un crime qu'il n'avoit pas commis, sur la déposition du mari & de la femme, qui prétendirent l'avoir reconnu au moment où il s'étoit introduit dans leur appartement ; vainement dans ses interrogatoires établit-il son innocence : on négligea de comparer une poignée de cheveux, arrachée au véritable coupable, & un chapeau qu'il avoit laissé tomber. Les témoins étoient de bonne-foi, les Juges intégres ; Cahusat fut pendu, & sa mémoire fut réhabilitée.

Vainement dira-t-on que lorsque des témoins déposent que tel crime a été commis par un tel, ils prouvent à la fois & le crime & le coupable. Si l'Ordonnance étoit suivie, il arriveroit souvent

Discussion sur la Législ. Criminelle.   D

que l'une des deux preuves détruiroit, en tout ou
en partie, ce qui résulteroit de l'autre ; & leur
réunion seule peut mettre à l'abri de tous reproches
la conscience des Juges & celle du Législateur.
Il est donc de la plus grande importance de pros-
crire authentiquement un principe funeste, qui
n'existe pas dans nos Loix, qui n'est pas généralement adopté par les Cours, qui expose notre
Législation à des reproches aussi graves, & les
Juges à des erreurs funestes à l'innocence & à eux-
mêmes.

On dira peut-être, que la foiblesse de l'humanité l'expose à se tromper, & que dans le grand
nombre d'Arrêts rendus en matière criminelle,
il est impossible que les Juges les plus éclairés
ne se trompent quelquefois. J'observerai d'abord
que les exemples de ce genre sont bien multi-
pliés ; j'ajouterai qu'il s'en faut nécessairement de
beaucoup que tous les Arrêts susceptibles d'être at-
taqués par la voie de la revision ou celle de la
cassation, soient mis sous les yeux du Conseil.
En effet, ces Arrêts exécutés aussi-tôt que rendus,
portent presque tous sur des misérables sans se-
cours, sans appui, sans moyens : quel sera donc
celui qui, pour sauver leurs jours ou leur mémoire, voudra sacrifier son temps, sa fortune & son
existence ? La voie de la revision elle-même, ou-

verte par la Loi, est interdite au Criminel condamné & exécuté avant d'avoir pu la réclamer.

C'est par un motif d'humanité, sans doute, que
la Loi a voulu que l'exécution suivît immédiatement la condamnation; elle n'a pas voulu que le
Criminel eût long-temps sous les yeux l'image du
supplice; mais ne seroit-il pas possible qu'il igno-
rât la condamnation définitive, comme il ignore
la Sentence des premiers Juges, jusqu'à l'expiration
d'un délai plus ou moins long, suivant l'éloigne-
ment où ils seroient du Souverain, de manière
qu'il pût au moins profiter des dispositions de ces
mêmes Loix qui ont opéré sa condamnation, &
en invoquer le bénéfice par le ministère du Conseil
qui lui auroit été donné ?

Une affaire dont j'ai eu l'honneur de rendre
compte au Conseil il y a très-peu temps, fortifie
encore mon opinion sur la nécessité d'accorder aux
Condamnés un délai entre leur jugement & leur
exécution, pour donner le temps à leur Conseil de
recourir à la clémence du Roi, si la nature du délit
l'exige, ou pour exposer à Sa Majesté les moyens de
revision qui peuvent se présenter. Je ne dirai qu'un
mot de cette affaire.

Deux Particuliers de Lyon, l'un nommé Rambaud & l'autre Desgranges, ayant été prévenus d'un
crime d'assassinat qui leur étoit commun, furent

condamnés au supplice de la roue par Arrêt du Parlement de Paris du 16 Février 1780, sur la déposition de deux témoins qui pouvoient être considérés comme suspects.

Desgranges avoit été jugé par contumace, mais Rambaud fut renvoyé sur les lieux & exécuté à Lyon.

La Requête en revision présentée au Conseil par la famille de Rambaud, dit que lorsque Desgranges apprit le jugement de Rambaud, il se rendit sur le champ dans les prisons, demanda à parler aux Juges, pénétra jusqu'à la chambre de la question, & sollicita pour être confronté à Rambaud, afin de prouver leur innocence commune; mais que les Juges refusèrent cette confrontation, sous le prétexte que Rambaud étant condamné par une Cour souveraine, l'exécution de son jugement ne pouvoit être suspendue.

Les détails de cette affaire prouvent que les deux accusés devoient nécessairement être tous deux ou coupables ou innocens; cependant sur l'appel d'une nouvelle Sentence de la Sénéchaussée de Lyon, qui condamnoit Desgranges à être rompu, le Parlement de Paris infirma cette Sentence, & déchargea Desgranges de l'accusation intentée contre lui, à raison du crime d'assassinat dont il avoit été prévenu conjointement avec Rambaud.

La revifion de cette affaire a été ordonnée, à mon rapport, par le Confeil.

Je dois donc obferver à cet égard, que fi, à l'époque du premier Arrêt du Parlement de Paris, il eût exifté un délai entre ce jugement & l'exécution du Condamné, & que Rambaud eût eu un Confeil, ce Confeil auroit probablement obtenu de la juftice du Roi un furfis à l'exécution de cet Arrêt de mort, jufqu'après le jugement de Desgranges, & alors Rambaud n'eût pas péri fur un échafaud.

La vigilance du Légiflateur préfervera fans doute l'innocence des malheurs de ce genre, auxquels elle me paroît expofée.

Examinons maintenant le moyen relatif à l'interrogatoire fur la fellette.

CINQUIEME MOYEN.

Interrogatoire fur la fellette.

Ce moyen eft tellement textuel, il préfente une contravention tellement précife, qu'on ne peut y répondre qu'en alléguant l'ufage conftant du Parlement de Paris. Vainement voudroit-on, par le rapprochement de tous les articles de l'Ordonnance relatifs aux interrogatoires, établir que les formes qu'elle prefcrit, ne s'appliquent qu'aux

interrogatoires d'instruction ; vainement prouve-
roit-on qu'avant l'Ordonnance de 1670, l'interrogatoire fur la fellette ne faifoit point partie du
procès : cette queftion n'en eft plus une aujour-
d'hui ; l'Ordonnance la décide. Elle ne diftingue
point entre les interrogatoires, ce qui eft ordonné
pour l'un eft ordonné pour l'autre ; & après avoir
établi que la difpofition de la Loi eft précife, il ne
me refte qu'à prouver, 1°. que la formalité pref-
crite eft néceffaire, 2°. que l'ufage ne prefcrit jamais contre la Loi.

Pour fentir à quel point l'interrogatoire fur la
fellette peut être important, il fuffit de fe rappeler le reproche fait fi fouvent à notre Jurifprudence Criminelle, qui, pendant tout le cours de
l'inftruction, place la vie de l'Accufé dans le mains
d'un Juge & d'un Greffier. Le feul moment où
cet Accufé puiffe être entendu par les Juges dont
l'opinion va décider de fon fort, eft celui où il eft
interrogé fur la fellette ; plus cet interrogatoire
eft important, plus les formalités exigées par l'Ordonnance pour les autres, deviennent néceffaires.
Il faut donc qu'il foit lu à l'Accufé, qu'il foit
figné par lui, & que l'acte qui peut devenir le
dernier de fon exiftence, foit au moins revêtu de
tout ce qui peut le rendre régulier.

Mais il eft fur-tout trois cas où ces formalités

font évidemment nécessaires : l'un est celui où la
Cour prononce un interlocutoire ; l'autre, celui où la
bonté du Roi laisse à l'Accusé le temps de se pour-
voir en revision ; enfin celui où les Cours prononcent
sur un procès dans lequel plusieurs Criminels sont
compliqués, & dont quelques-uns sont contumax.
Je demande si, dans ce dernier cas, l'extrait d'un
interrogatoire écrit par un Greffier, loin des Juges
& de l'Accusé, sur un registre qui ne fait point
partie du procès, suffit pour remplir le vœu de
l'Ordonnance.

Une procédure criminelle doit former un corps
complet d'instructions, qui doit contenir la marche graduelle de la preuve ; rien ne doit être dis-
trait & séparé ; c'est par un abus de ce genre, qu'il
y a au Siége Prévôtal de Troyes un registre dont
l'existence, attestée au Parlement, a soustrait au
Conseil la preuve du dépôt des ligatures, fait par
Thomassin.

De quelle force enfin deviendra ce moyen,
s'il est possible de supposer que l'extrait informe
de ce registre, & le registre lui-même, ne con-
tiennent pas la totalité des demandes faites aux
accusés & de leurs réponses ; s'il est permis de supposer que le Greffier retranche à son gré ce qu'il
juge à propos d'omettre ; s'il est enfin vrai que
le Conseil soit dans l'impossibilité de connoître

ce que les accusés qui réclament sa justice, ont
dit, dans l'acte le plus important de la procédure?

Or, je trouve que le registre de la Tournelle
présente la preuve des inconvéniens que je viens
de relever : est-il en effet possible de croire que
dans une affaire aussi grave, l'interrogatoire sur
la sellette ait été borné à des questions aussi
vagues, aussi insuffisantes que celles que le Conseil a sous les yeux ? Je suis fondé à croire que
les accusés, par les questions qui leur ont été
faites, ont été mis à portée d'établir leurs faits
justificatifs ; qu'ils ont fortement insisté sur leur
innocence ; & que le Greffier, à qui on ne dicte
ni les demandes ni les réponses, dont le registre
n'est vérifié, ni par le Rapporteur, ni par la
Chambre, n'a pu écrire que d'une manière absolument informe, irrégulière & inexacte, le
véritable interrogatoire dont le Conseil a voulu
prendre connoissance.

Mais, dira-t-on, il existe un si grand nombre
d'Arrêts rendus sur de pareilles procédures, l'usage
contre lequel on réclame est pratiqué depuis
si long-temps sous les yeux du Souverain, par des
Magistrats qui jouissent de sa confiance, & qui
la méritent à tant d'égards ! Oui sans doute,
& c'est parce qu'ils la méritent c'est parce
que je suis pénétré du respect qui leur est

dû , que je ne craindrai jamais de leur déplaire en rappelant celui qu'ils doivent à la Loi. C'eſt encore par le même motif que je ſuis convaincu qu'ils repouſſeroient avec indignation les ménagemens ou les égards déplacés qui enleveroient à des malheureux la reſſource que laiſſe une contravention tolérée , plutôt qu'approuvée, & qui n'a peut-être jamais été l'objet d'une délibération préciſe.

Au ſurplus, s'il eſt poſſible de préſenter quelques-unes de ces réflexions générales qui paroiſſent naître de la nature même de l'affaire dont le Conſeil s'occupe, on ſe permettra d'en haſarder une ſur cette forme cruelle qui fait connoître à l'accuſé , non condamné, que le Miniſtère public a provoqué contre lui des condamnations afflictives. Telle eſt la première impreſſion dont ſon ame eſt frappée à l'inſtant où il paroît pour la première fois devant ſes Juges , & cet inſtant eſt préciſément celui où il auroit le plus grand beſoin de calme, de ſang-froid, & de préſence d'eſprit : ſon trouble devient une nouvelle preuve du délit dont on l'accuſe, & ce trouble eſt peut-être celle de ſon innocence: il variera dans ſes réponſes, ſe coupera dans ſon interrogatoire, entraînera les Juges dans l'erreur dont il ſera victime, tandis qu'en lui épar-

gnant cette formalité, toujours inutile & fouvent dangereuse, on lui auroit laiſſé les facultés
néceſſaires ou pour ſe défendre ou pour éclairer
ſes Juges. Pourquoi faut-il donc que des con-
cluſions qui ne ſont point un jugement, qui
peuvent être ſuivies d'un Arrêt qui leur ſera contraire, impriment ſur le front d'un accuſé une
flétriſſure que l'Arrêt lui-même ne pourra peut-
être jamais effacer dans l'opinion publique? J'oſe
donc former le vœu de voir diſparoître cette formalité, qui, dans l'origine, ne fut peut-être jamais
conſidérée comme une peine, & que l'uſage a
miſe au nombre de celles qui emportent infamie.
Mais c'eſt à la ſageſſe du Roi & à celle de ſon
Conſeil qu'il appartient de prononcer ſur ce point.
Ma confiance reſpectueuſe en ſa bonté me fait
eſpérer qu'il excuſera cette courte digreſſion.

Après avoir diſcuté ſéparément les différens
moyens répandus dans les Mémoires des accuſés, je crois devoir, jeter un coup-d'œil
rapide ſur l'enſemble de la procédure & ſur le
tableau qu'elle préſente. On voit dès ſon origine
les irrégularités & les contraventions diriger
ſa marche; tantôt les accuſés ſont retenus
dans les priſons du Prévôt, au-delà du terme
preſcrit par la Loi; ce Juge ſe dépouille enſuite, & ſon incompétence eſt prononcée, ſans

que les Accusés ayent été entendus. Renvoyés à Chaumont, ils y restent 27 mois, sans que l'on s'occupe des premiers actes de la procédure. Et quelle est la cause d'un pareil délai ? C'est, dit le Procureur du Roi, pour attendre que quelqu'autre affaire conduise les Juges sur le lieu du délit. Que fait ensuite ce Juge ? il constate, par un procès-verbal dont il avoit reconnu la nécessité au moment où il avoit accepté le renvoi de l'affaire, il constate, dis-je, des effractions qui, suivant le vœu de la Loi, auroient dû l'être à l'instant du crime ; & ce qu'on aura peine à croire, c'est qu'un pareil procès-verbal ait concouru au complément de la preuve (ce point de fait a été attesté au Parlement). (Voyez le Réquisitoire, p. 49).

Les violences & blessures prétendues, sont constatées tout aussi irrégulièrement. Les seuls témoins qui ayent dit avoir vu, ou pansé, le bras de Thomassin, ne sont pas confrontés : & cela, sous prétexte qu'ils ne connoissoient pas les accusés ; comme s'ils ne pouvoient pas en être connus & reprochés ; comme si le Juge avoit pu séparer la preuve du fait, de celle du *per quem*, regarder l'une comme acquise, en se privant des lumières qu'il auroit retirées de la confrontation, & condamner ensuite à la roue l'accusé qui n'a pas discuter la déposition qui prouve le fait pour lequel il est condamné.

On voit ici trois individus accusés d'un crime qui suppose un concert & des faits antécédens au délit, puis une fuite; en effet, ils ont dû convenir entr'eux des précautions à prendre pour commettre le vol; ils ont dû ensuite partager les effets volés; & ces effets sont en grand nombre; il y a même des comestibles, du lard, une moitié entière de cochon, &c. Or, on ne voit, dans la procédure, rien qui indique le projet du crime, rien de ce qui devroit en être la suite. Arrêtés en des temps différens, ils rendent le même compte du hasard qui les a réunis; Lardoise ne connoissoit seulement pas les deux autres, il en étoit également inconnu; nul partage des effets volés, nulle trace des comestibles emportés; ce même Lardoise, arrêté presque à l'instant du délit, & qui auroit dû avoir sa part aussi de l'argent pris aux Thomassin, mendioit & n'avoit rien de suspect.

Telle est cependant la marche & l'ensemble de cette procédure qui paroît ne présenter qu'un cercle vicieux, au centre duquel on apperçoit un échafaud où trois hommes, dont deux pères-de-famille, expirent sur la roue, & un quatrième évidemment innocent meurt dans les prisons; tel est, dis-je, le tableau de cette procédure que l'Arrêt du Parlement du 11 Août 1786 envoie à tous les Juges du reffort.

Si le Confeil rejette la demande des accufés, il annoncera à tous les Tribunaux que les irrégularités qui lui font dénoncées, font précifément la mefure de leurs pouvoirs & de leurs facultés; qu'ils peuvent arbitrairement fe contenter d'un genre de preuve lorfque la Loi en exige deux, & qu'elles font toutes deux poffibles. Le Confeil décidera enfin, comme principe, ce que la Jurifprudence elle - même des Parlemens n'a pas ofé prononcer uniformément.

Je terminerai cette difcuffion, dont l'importance de l'affaire peut feule excufer la longueur, par une obfervation particulière à l'affaire, & par quelques réflexions générales.

S'il étoit poffible d'admettre que dans certains cas la dépofition de deux témoins néceffaires dût faire preuve malgré les contradictions évidentes & des exagérations démontrées; que dans d'autres, le Juge, après avoir écarté les faits juftificatifs, pût prononcer fur une inftruction incomplette, & faite feulement à la charge de l'accufé; que dans d'autres cas enfin, le Juge pût auffi fe difpenfer de dreffer les Procès-verbaux exigés par l'Arrêt des grands jours de Clermont, & par l'ordonnance de 1670; je demande l'opinion que le Confeil pourroit prendre alors d'une procédure où on auroit fait à la fois ufage de ces trois facultés abufives, & quelle reffource il refteroit à l'innocent pour fa juftification. Telle eft cependant l'efpèce fur laquelle le Confeil va prononcer.

Il ne me refte plus qu'à foumettre au Confeil les réflexions générales que cette affaire fait naître.

On a bien fouvent, & peut-être fort injuftement à certains égards, attaqué notre légiflation crimi-nelle; je n'entreprendrai pas de la juftifier fur tous les points ; mais je ne puis me refufer à une opi-nion confolante, établie par la procédure même dont il s'agit.

Loin de prouver que l'Ordonnance compromette toujours le fort des innocens, loin de les voir près de fuccomber fous la rigueur des formes, comme on a voulu fouvent le faire croire, je remarque qu'une partie des moyens qui peuvent être employés en faveur des accufés, font précifément ceux qui naiffent de la contravention aux formes prefcrites. Si elles euffent été fuivies exactement, & fi, fur une procédure régulière, il fût intervenu une condamnation injufte, alors la crainte & l'effroi feroient devenus légitimes, la néceffité d'une ré-forme totale feroit évidente; mais, lorfque l'on trouve dans l'Ordonnance même le moyen de fe préferver de l'injuftice, lorfqu'il fuffit, pour s'en garantir, de dire aux Juges : obéïffez à la Loi & ne l'interprétez pas, ne lui oppofez jamais des ufages particuliers, & ne vous privez pas des reffources qu'elle vous préfente contre l'erreur ; alors une partie des reproches faits à l'Ordonnance, doit difparoître.

Il ne refte peut-être plus à faire que des corrections partielles que la fageffe du Confeil lui dictera, & il fera poffible de prendre un parti mitoyen entre la déclamation hafardée contre nos Loix , & leur apologie aveugle.

C'eft fous ce point-de-vue, Meffieurs, que la voie de la caffation me paroît bien préférable à celle de la revifion: la première, non-feulement répare le mal particulier, mais elle rétablit les principes, & maintient l'exécution des Loix; la feconde peut quelquefois remédier au malheur de l'individu, mais il n'en réfulte rien pour l'intérêt de la Loi, & fa fageffe eft compromife, puifqu'il paroît alors que c'eft en la fuivant exactement que l'innocence a fuccombé.

Daprès ces confidérations, je n'héfite pas à penfer que l'Arrêt foumis à l'examen du Confeil doit être caffé : mais frappé d'une nullité évidente, écrite dans la dépofition de Thomaffin , nullité dont le Parlement n'a pu prendre connoiffance, je crois qu'il eft néceffaire de profcrire , dès à préfent,

toure la partie de la procédure qui peut participer
à cette nullité, & éviter aux Juges devant lef-
quels il plaira au Confeil de renvoyer les accufés,
l'incertitude dans laquelle ils pourroient tomber
en s'appercevant que le Confeil a évité de s'expliquer fur un acte auffi pofitivement en contravention avec l'Ordonnance.

J'ai, en conféquence, l'honneur de propofer au
Confeil le projet d'Arrêt que voici.

Jugé au Confeil le 30 Juillet 1787.

Le Roi, en fonConfeil, a caffé & annullé, caffe
& annulle la dépofition de Charles - Henri Thomaffin, du 26 Mars 1783, fes récolemens &
confrontations des 19 & 20 Juin 1785, la Sentence du Bailliage de Chaumont, du 12 Août au-
dit an, enfemble l'Arrêt du Parlement de Paris,
du 20 Octobre de la même année ; ce faifant, a
évoqué & évoque à foi & à fon Confeil la plainte
& toutes les procédures fur lefquelles font intervenus lefdits Sentence & Arrêt, circonftances &
dépendances ; a renvoyé & renvoie le tout au Bailliage de Rouen, pour y être fait droit ainfi qu'il
appartiendra : fauf l'appel au Parlement de Normandie, devant lequel Parlement lefdits Simarre,
Lardoife & Bradier pourront former, s'il y a lieu,

telle demande en prife à partie qu'ils jugeront à propos: attribuant, Sa Majefté, auxdits Bailliage de Rouen & Parlement de Normandie, toute cour, jurifdiction & connoiffance, icelles interdifant à toutes fes autres Cours & Juges; ordonne que lefdits Simarre, Lardoife & Bradier feront transférés, fous bonne & sûre garde, dans les prifons dudit Bailliage de Rouen; enfemble que les charges, informations & procédures fur lefquelles font intervenus lefdits Sentence & Arrêt des 12 Août & 20 Octobre 1785, comme auffi les minutes de la procédure faite au Siége de la Maréchauffée de Troyes, feront portées au Greffe dudit Bailliage; à ce faire tout Greffier & dépofitaire feront contraints, même par corps; quoi faifant, ils en feront bien & valablement déchargés.

L'Arrêt du Confeil ayant reçu fon exécution, le Parlement de Rouen a définitivement renvoyé Simarre, Lardoife & Bradier de l'accufation.

Note de l'Éditeur.

La fageffe de l'Affemblée Nationa'e a déjà fait difparoître de nos Loix la plupart des inconvéniens qui réfultoient de l'ordre ancien, & adopté une partie des changemens propofés dans cette difcuffion; mais j'ai penfé qu'il pouvoit y avoir quelqu'utilité à faire connoître, par l'application de ces principes à une affaire particulière, leur fageffe & la néceſſité qu'il y avoit d'opérer la réforme dont nous allons jouir.

Cette réforme, démontrée néceſſaire dans l'Ordonnance l'eſt d'une manière bien plus évidente encore dans nos Loix pénales. On eſt effrayé lorſqu'on voit qu'une partie de celles qui dictent les Arrêts de nos Cours portent la même date que celles qui condamnent au feu les ſorciers & les héréliques; que ces Loix ont été modifiées par-tout, & par-tout différemment par les Tribunaux; que leur ſilence ſur ces points les plus importans a mis la Juriſprudence, ou l'opinion du Juge, à la place de la volonté de la Loi.

Il ſemble enfin que dans nos uſages ce ſoit le Juge qui ſoit chargé d'infliger au coupable la peine dont il le croit ſuſceptible.

L'on paroît avoir oublié ce principe ſacré, & qui doit être à jamais inviolable, que la Loi ſeule doit condamner, & que le miniſtère du Juge doit ſe borner à appliquer la diſpoſition de la Loi à chaque fait particulier.

Au moment où l'Aſſemblée a commencé la réforme des abus, je me propoſois de haſarder quelques recherches ſur nos Loix pénales; mais plein de reſpect pour la ſageſſe de ſes Décrets, je n'ai pas cru devoir me permettre de les prévenir, & je me borne à prouver par les faits dont il vient d'être rendu compte, combien ce qui a été ordonné par l'Aſſemblée Nationale eſt utile, & à quel point il étoit néceſſaire de venir au ſecours des accuſés.

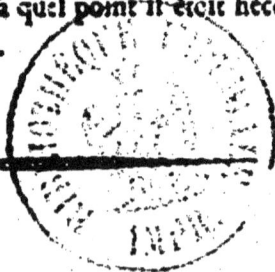